DU PRINCIPE FONDAMENTAL DE TOUS LES PARTIS RÉVOLUTIONNAIRES;

Par FRANÇOIS DE MARRENX.

Tu ne prendras pas la voix du mensonge, ni tu ne jureras pour rendre le faux témoignage en faveur de l'impie.

Tu ne suivras pas non plus la foule pour faire le mal; et dans tes jugemens tu n'adhéreras pas au sentiment du plus grand nombre, pour te dévoyer du vrai.

Exode, ch. 23, ℣. 1. *et* 2.

A TOULOUSE,

De l'Imprimerie de JEAN-MATTHIEU DOULADOURE, rue St.-Rome.

1815.

DU PRINCIPE
FONDAMENTAL
DE TOUS LES PARTIS
RÉVOLUTIONNAIRES.

DEPUIS plus de vingt-cinq ans, les révolutionnaires de tous les partis ne cessent de répéter, comme si c'était un principe certain, que la souveraineté appartient à la nation. Mais, par une fatalité dont il serait impossible de justifier la raison, loin de s'attacher à fournir les preuves de la certitude de ce prétendu principe, pas un n'a encore songé à l'indispensable nécessité d'examiner s'il était réellement vrai, et si l'équité permettait d'en tirer toutes les différentes conséquences qu'ils en déduisent. Que faut-il donc penser d'une semblable négligence? Quelle confiance peuvent mériter tous les écrivains qui ont fourni tant et de si justes droits à la leur reprocher? Ils n'ont même pas eu la bonne foi de juger, que les expressions, *la souveraineté nationale* et *la souveraineté de la nation*, n'étant point du tout synonymes, c'était jouer puérilement sur les mots et abuser des exhalaisons du langage figuré, que de les employer indifféremment l'une pour l'autre, afin de faire uniquement entendre (toutefois sans le prouver), que *la souveraineté appartient à la nation.*

Cependant, pour peu qu'ils se fussent donné la peine de bien approfondir la chose, combien ne leur eût-il pas été facile de se convaincre que cette assertion est réellement fausse!.... Quoi! vont-ils s'écrier, vous oseriez élever des doutes contre ce principe sacré! vous oseriez, d'une bouche profane, affirmer qu'il n'est pas vrai que *la souveraineté appartienne à la nation!* — Oui, messieurs, j'ose vous dire que vous le supposez; j'ose vous dire que votre supposition à cet égard n'est qu'une fausse supposition, et j'ose vous le dire, parce qu'il ne suffit pas que vous alléguiez qu'elle est un principe; il faut que vous le prouviez en toute rigueur, avant de vous permettre d'exiger de qui que ce soit, qu'il l'admette pour tel, Où sont donc vos preuves? C'était en vous un devoir indélébile de les fournir immédiatement. Malgré cela, jusqu'ici, vous n'en avez jamais produit aucune ; et pourquoi, si ce n'est pas uniquement parce qu'il n'en existe point ?

Afin néanmoins de vous en mieux convaincre, voici les preuves qui démontrent que le prétendu principe fondamental de toutes vos bruyantes hypothèses politiques est très-réellement faux et de nul mérite.

De sa nature la souveraineté est un vrai droit, qui exige nécessairement un possesseur capable de l'exercer ; c'est-à-dire, un agent susceptible d'agir volontairement et avec connaissance ; en un mot, un agent doué de toutes les facultés intellectuelles et physiques qui caractérisent les individus d'espèce humaine. Or, pour des êtres de cette nature, pour de tels agens, il ne saurait exister d'autres droits que ceux qu'ils auraient positivement reçus d'une loi, soit naturelle ou divine, soit humaine.

Relativement à nous, nous ne pouvons raisonnablement entendre par *les lois naturelles*, que les règles obligatoires d'action et de conduite que l'Auteur de toutes choses a positivement imposées, ou prescrites à tous les individus de l'espèce humaine ; et par *les lois humaines*, que de semblables règles imposées à des hommes, ou par eux-mêmes ou par d'autres hommes (*).

Cela posé, je dis que les règles obligatoires d'action et de conduite que le suprême Auteur de toutes choses a positivement imposées et prescrites à tous les individus du genre humain, et par conséquent, que les lois naturelles ne donnent et n'attribuent absolument à personne, aucun droit de souveraineté, nulle prérogative souveraine sur qui que ce soit au monde. Pourquoi ? Parce qu'étant exactement les mêmes pour tous et pour chacun, elles ne donnent à chacun, ni de moindres, ni de plus grands droits, ni plus ni moins d'obligations qu'à tous les autres ; et parce qu'il serait absurde de prétendre qu'en voulant que tout homme quelconque eût, sans

(*) Les obligations que chaque homme contracte envers autrui sont les lois humaines qu'on s'impose soi-même. Quant aux lois humaines qui nous sont imposées par d'autres hommes, ce ne sont que les commandemens qui nous sont faits par quelqu'un envers qui nous aurions personnellement contracté l'obligation de vouloir les exécuter.

plus et sans moins, exactement tous les mêmes droits et tous les mêmes devoirs naturels que chacun de tous les autres individus de même espèce que lui, les lois naturelles veulent en même temps, que certaines collections d'hommes aient des droits naturels de souveraineté sur des individus de même nature qu'eux, et que ces individus aient des devoirs naturels de sujétion envers certaines collections d'hommes.

Outre cela, les lois naturelles n'établissent ni n'instituent aucun être collectif : elles ne connaissent dans chaque espèce d'êtres, que des individus et une somme totale de tous les individus de même nature ; c'est-à-dire, par exemple, qu'au rang, dans l'ordre, dans la classe de la nature humaine, elles ne connaissent que des hommes individuels et un genre humain qui les renferme tous. Or elles n'attribuent, ni ne peuvent attribuer à l'être collectif du genre humain, absolument aucun droit quelconque sur aucun des individus dont il est composé ; parce que, pour qu'elles le pussent, il faudrait nécessairement mettre une partie du genre humain en rapport avec d'autres de ses parties, et qu'après cette division du tout, aucune de ses parties fractionnaires ne serait l'être collectif du genre humain, par la raison que, quelque grande qu'on la suppose, une simple portion d'un tout n'est jamais ce tout lui-même, et aussi par la raison que la plus grande de toutes les fractions ne constitue jamais l'unité numérique. D'ailleurs, ainsi que le rapport arithmétique de cent à cent, ou de tout autre nombre avec lui-même, est toujours *zéro*, de même le résultat final du rapport de l'être collectif de tous les hommes avec l'être collectif de tous les hommes est également *RIEN*, c'est-à-dire, un pur néant (*).

Chacun m'accordera donc que les lois naturelles ne donnent absolument aucun droit de souveraineté sur lui-même (ni sur personne), à l'être collectif du genre humain,

(*) Voilà dans toute l'étendue de la vérité, ce qu'est la souveraineté de toute une nation sur elle-même. Elle n'est qu'un pur néant; car le résultat de dernière analyse du rapport de toute une nation avec toute cette même nation est *RIEN*. Rousseau lui-même en est convenu, lorsque sur le motif qu'on ne contracte pas avec soi-même, il a confessé, dans son ouvrage sur le contrat social, que tout le peuple (c'est-à-dire, tout son être collectif), ne peut s'obliger à rien envers tout le peuple.

à la personne idéale, feinte ou morale de cet être collectif. Mais alors comment ne deviendrait-il pas, aux yeux de chacun, très-évidemment faux de dire que *naturellement, ou de droit naturel, la souveraineté appartient à la nation?* Ce que les lois naturelles n'accordent pas à la totalité d'un être collectif, elles le refusent, sans nul doute, à de simples portions fractionnaires et indéterminées de ce même tout.

Déjà donc, il est très-évidemment faux que par la loi naturelle la souveraineté appartienne, puisse même appartenir à une nation quelconque, laquelle n'est en soi qu'une simple fraction de l'être collectif du genre humain.

D'ailleurs, par la loi naturelle (et c'est un principe incontestable), tout homme est indépendant de tous les autres, tant ensemble que séparément, n'ayant d'autre supérieur dans le monde que l'Auteur de toute nature et lui-même. Mais comme il impliquerait contradiction que chacun fût à la fois indépendant de tous les autres hommes, tant ensemble que séparément, et sujet d'un souverain quelconque, il résulte nécessairement du principe très-certain de l'indépendance originaire et primitive de tous les individus de l'espèce humaine, que les lois naturelles n'attribuent à nul homme, ni à nulle collection d'hommes, absolument aucun droit, aucune prérogative de souveraineté.

Par conséquent il n'existe sous le seul empire de ces lois, ni souveraineté, ni peuples, ni nations.

Par conséquent encore les souverainetés, les souverains, les corps de nation et les corps de peuple sont tous d'institution purement humaine, et ils ne peuvent avoir que ce qu'il aurait plu aux individus d'espèce humaine, qui les ont institués, de leur donner expressément. C'est même à cause de cela seul, que l'état de nature et l'état civil sont deux manières d'être ensemble très-essentiellement différentes et distinctes entr'elles.

Le premier de ces deux états, qui a très-positivement existé, qui même subsiste encore de nos jours à certains égards (*), est une

(*) Je dis que l'état de nature subsiste encore de nos jours à certains égards, parce qu'il n'a jamais cessé d'exister de souverain à souverain, de nation à nation, de peuple à peuple. En effet, l'état où se trouve chaque souverain, chaque nation, chaque peuple relativement à tous les autres souverains, à toutes les autres nations, à tous les autres peuples, est exactement le même que l'état où tous les hommes se trouvaient entr'eux avant l'établissement des sociétés civiles.

manière d'être envers ses semblables, dans laquelle chacun conservant toute l'intégrité de ses droits et de ses devoirs originaires et primitifs, ou naturels, est indépendant de tous les autres hommes, tant ensemble que séparément, n'a d'autre supérieur dans tout l'univers que Dieu seul, et d'autre légitime juge de ses propres causes ici-bas, que lui-même et la force dont il est personnellement doué.

Le second est au contraire une manière d'être à l'égard d'autrui, dans laquelle tous les individus formant ensemble un même corps de société civile, vivent sous l'autorité tutélaire d'un même supérieur pour tous, sont obligés de se diriger dans leurs actions respectives et mutuelles, d'après les règles de conduite que ce supérieur, ou souverain de leur société leur a prescrites et tracées, doivent soumettre tous leurs démêlés à ses décisions, ou au jugement de ses délégués, ne peuvent plus juger leurs propres causes par eux-mêmes, ni vider leurs différens avec autrui par les voies de la force, dépendent de ce supérieur commun à tous, ou le même pour tous, et ne conservent plus rien de leur indépendance naturelle que relativement à toute autre personne que celle de leur légitime souverain (*).

L'établissement de la société civile, ou la substitution de cette manière d'être de chacun envers les autres à celle du pur état de nature, a donc fait perdre aux individus de toutes les sociétés de cette même espèce, deux de leurs droits originaires et primitifs, ou naturels ; savoir,

Le droit d'être indépendans de toute autorité purement humaine,

Et celui de n'avoir ici-bas d'autre juge légitime de ses propres causes, que chacun soi-même et ses propres forces.

Mais ces deux droits, personne ne les a perdus dans son passage du pur état de nature à l'état civil, qu'à l'égard de la seule personne

---

(*) J'ai dit que chaque individu d'une société civile ne conserve plus rien de son indépendance primitive qu'à l'égard de toute autre personne que celle de son légitime souverain ; parce que chacun ayant aliéné la sienne, et nécessairement dû l'aliéner au souverain de la société civile, dont il a voulu devenir membre, cette aliénation l'a détruite à l'égard de ce même souverain seulement ; mais elle la lui a entièrement laissée, relativement aux autres personnes, auxquelles il n'a réellement pas voulu l'aliéner et la transporter.

du légitime souverain de l'état, ou de la société civile dont on est membre. De plus, personne n'a pu les y perdre vraiment qu'en une seule manière ; c'est-à-dire, qu'aucun des membres d'une société civile n'a réellement pu perdre ces deux droits qu'en vertu de l'aliénation expresse qui en aurait été volontairement et librement faite par lui-même, ou par quelqu'autre homme ayant droit et qualité pour contracter en son nom, tel que serait, par exemple, son propre père, ou quelqu'un de ses vrais aïeux, ou son fondé de pouvoirs spéciaux.

Il a donc fallu de toute nécessité, pour qu'il ait pu exister des sociétés civiles, que l'indépendance originaire et le droit primitif d'être soi-même le seul juge légitime de tous ses propres démêlés avec autrui, que les lois naturelles attribuent à tout homme, aient été volontairement et librement aliénés à quelqu'un, par chacun des individus qui composent ces sociétés, ou du moins par l'un des légitimes ayant droit et cause de chacun de ces mêmes individus.

Mais d'abord, une pareille aliénation n'a pu s'effectuer que par un pacte général, dans lequel chacun des associés stipulant tant pour lui-même que pour tous ses propres descendans et ayant-cause, a successivement et tour à tour, contracté ses obligations civiles, non-seulement avec chacun des autres co-associés, mais encore avec la personne à qui tous sont convenus d'aliéner, et ce pacte, qu'on nomme le contrat social, est la première de toutes les lois humaines; pour mieux dire, il est la loi fondamentale de toutes les lois humaines de chaque société civile, puisque partout, ces sortes de lois ont le besoin indispensable de puiser toute leur force obligatoire dans les clauses qui constituent toute l'essence du contrat social.

Mais en second lieu, la personne à qui cette même aliénation fut expressément et nommément faite par chacune des parties contractantes du même pacte, est seule le légitime souverain de leur société civile.

Mais en troisième lieu, l'aliénation dont il s'agit a pu, par sa nature, être indifféremment faite par chacun des associés, ou par l'un de ses aïeux investis par l'Auteur de toutes choses du droit de stipuler légitimement en son nom, à celle de ces quatre différentes personnes que chacun aura voulu choisir,

Ou 1.° à un seul homme,

Ou 2.° à plusieurs autres hommes en commun et par indivis,

Ou 3.° à la majorité de tous les autres associés,

Ou 4.° à tous les autres ensemble.

Or maintenant, ne suffit-il pas qu'à l'époque de la première formation des sociétés civiles, il ait été loisible à chacun de leurs individus de choisir, entre ces quatre différentes espèces de personnes, celle des quatre à laquelle il jugeait le plus à propos d'aliéner et transporter les deux droits naturels que tout homme doit nécessairement aliéner par lui-même, ou par quelque ayant-droit de contracter en son nom, afin de passer du pur état de nature à l'état civil; or, dis-je, cela ne suffit-il pas pour qu'il ne soit pas loisible de dire, sans tomber dans le faux, que par le droit humain la souveraineté appartient, généralement partout, à la nation (*)?

(*) Loin que cela puisse être vrai, c'est au contraire une vérité très-certaine, que dans chaque état, en chaque région de la terre possédée par une société civile

S'il est évidemment incontestable que par le droit naturel, elle n'appartient nulle part à la nation, il est tout aussi certain que les lois humaines ne la lui donnent dans aucun des pays dont les premiers habitans n'ont voulu aliéner pour eux-mêmes et pour leurs descendans, qu'à un seul homme, ou même qu'à plusieurs hommes en commun et par indivis (*), ceux de leurs droits naturels qui ont besoin d'être aliénés par chacun des hommes qui veut devenir membre d'une société civile. Il est même plus que vraisemblable, puisqu'il

---

quelconque, la souveraineté n'appartient de droit, qu'à la seule personne à laquelle chacun des individus qui la contractèrent, transporta et aliéna pour lui-même et toute sa postérité, les deux droits originaires d'indépendance personnelle et d'être soi-même l'unique légitime juge de ses propres causes.

(*) Lorsque chacun des individus, qui contractèrent entr'eux une société civile, ne voulut aliéner son indépendance naturelle et son droit primitif d'être le seul juge légitime de ses propres causes qu'à un seul homme, le pacte social établit une monarchie. Il constitua une aristocratie, lorsque chacun des associés ne voulut faire son aliénation qu'à plusieurs hommes en commun et par indivis. Enfin, il constitue une démocratie, lorsque chacun des associés a l'imprudence et la sottise de ne vouloir aliéner les deux mêmes droits, qu'à la majorité, ou à la totalité de tous les autres.

est très-réellement prouvé par l'histoire de tous les pays de la terre, que lors de la première formation de toutes les sociétés civiles qu'on a connues dans le monde, leurs premiers formateurs ne voulurent aliéner leurs droits naturels d'indépendance de toute autorité purement humaine, et d'être chacun le seul juge légitime de ses propres causes, qu'à un seul homme, à raison de ce qu'ils aimaient mieux n'avoir qu'un seul maître, que de s'asservir à toute une fourmilière de maîtres. L'on ne saurait, en effet, citer un seul pays de la terre, où ce que l'on y nommerait son gouvernement républicain n'ait pas succédé à un gouvernement monarchique, n'en ait pas été précédé; témoins Athènes, Argos, Thèbes, Rome et tant d'autres cités de l'ancienne Grèce et de l'ancienne Italie, où l'on n'euf que des rois, durant une foule de siècles, avant d'y savoir ce que c'était qu'aristocratie, ou que démocratie.

Il est donc très-faux de dire en thèse générale, que, soit par le droit naturel, soit par le droit humain, *la souveraineté appartient à la nation.*

Voyons néanmoins si cela peut être vrai pour la France en particulier.

Puisqu'ainsi que nous l'avons déjà prouvé, les lois naturelles n'assujettissent absolument personne, ni à tout le genre humain, ni à nulle autre collection d'hommes (*), la personne imaginaire et feinte de l'être collectif, ou du corps entier de la nation française, ne saurait avoir le droit de traiter légitimement les individus, ou les membres physiques dont elle est idéalement composée, comme s'ils étaient réellement dépendans d'elle, comme s'ils étaient ses véritables sujets, qu'autant que ce droit lui aurait été attribué dans un contrat social entre ses fondateurs, par des conventions expresses, positives et textuelles, unanimement, volontairement et librement arrêtées et souscrites par tous les Français, ou tous ceux de leurs auteurs qui avaient le droit

---

(*) Comme il serait moins insensé de dire que les lois naturelles attribuent la souveraineté à tout le genre humain en commun et par indivis, que de prétendre qu'elles la donnent à l'être collectif de la nation, les novateurs auront encore la ressource, je les en avertis, de soutenir que par le droit naturel elle appartient à tout le genre humain en commun, et que les nations se la sont partagée par convention.

de les souscrire pour eux et de les y obliger ; c'est-à-dire, en d'autres termes, que cette personne imaginaire et feinte, qu'on nomme la nation, ne pourrait exercer collectivement un tel droit, sur quelqu'un de ses membres, ou quelqu'un des individus qu'on regarderait comme ses vrais membres, qu'en vertu d'un contrat positif, dans lequel l'indépendance primitive, originaire, ou naturelle de chacun de ces mêmes individus lui aurait été textuellement aliénée et transportée, en un mode vraiment légitime et raisonnable, ou exempt de surprise, de dol et de fraude.

Mais où serait donc le titre positif d'un semblable contrat ?.... En aucun cas il n'est permis de supposer son existence. L'on a toujours besoin qu'il existe réellement ; il est toujours indispensable qu'on fasse pleinement connaître ses clauses et ses stipulations, avant de se permettre d'en argumenter, avant surtout d'oser en faire l'application à des hommes..... Où est-elle donc la loi fondamentale, la loi formatrice de notre antique corps social, dans laquelle on trouverait littéralement stipulé que chaque Français sera le sujet, le dépendant de toutes les volontés, de tous les caprices soit du reste de sa nation, soit de quelques centaines de factieux et d'ambitieux assez audacieux pour se dire insolemment les organes voulans et représentatifs de la nation ?.... Je le demande derechef : où est-elle donc cette loi ? pourquoi ne pas la montrer ?....

En vain la chercherait-on ; on ne la trouvera nulle part, puisque jamais elle n'exista. Sans cela, serait-il vraisemblable que tous ceux des Français, qui sont toujours restés fidèles au sang auguste de nos rois, se fussent constamment opposés aux innovations des assemblées, en même temps qu'ils ne cessaient de réclamer la religieuse, l'exacte, la ponctuelle exécution de toutes les clauses essentielles et fondamentales du vrai pacte de notre association politique, du seul pacte social que tous nos aïeux d'une foule de générations nous aient transmis ?

Si cette loi eût réellement existé, et qu'il eût été possible de la montrer aux royalistes, auraient-ils jamais osé protester de nullité contre les prétendus décrets des soi-disantes assemblées nationales, et cela sur le motif que ces actes illégaux sont opposés et contraires à l'esprit, ainsi qu'à la lettre de toutes les clauses et de toutes les stipulations de nos seules conventions sociales, telles qu'elles nous sont retracées par tous les monumens de notre ancienne législation et des annales de la nation française ? Du moins est-il constant et certain que depuis quatorze siècles, nous vivions assez paisiblement en société civile ou politique, chose qui n'eût jamais pu être sans des conventions textuelles et positives entre tous les Français.

Loin que pour justifier les droits que, malgré qu'on les leur conteste à juste titre, les révolutionnaires, et sur-tout leurs chefs, s'arrogent iniquement par de fausses suppositions ; loin, dis-je, que pour les justifier, ils pussent montrer et produire le titre positif que je viens de réclamer, toutes les lois fondamentales de notre ancienne société civile portent au contraire, et très-littéralement, qu'elle est et devra perpétuellement être une monarchie héréditaire (*). Eux-mêmes ils avaient avoué

(*) C'est un fait constant et certain, qu'une monarchie héréditaire ne saurait exister que parce que chacun de ses fondateurs ne voulut aliéner et n'aliéna son indépendance naturelle et celle de tous ses descendans, qu'à un homme seul, qui par ce seul fait devient leur

et constaté ce principe, dès les premiers instans de leur révolte contre leur légitime souverain.

Par conséquent, même de leur propre aveu, l'indépendance naturelle et primitive de chaque Français, et son droit d'être le seul légitime juge de toutes ses propres causes, ne furent aliénés à perpétuité qu'à l'unique personne du roi et aux aînés des descendans de celui-ci par ligne masculine ; car tel était le vœu de la seule nature de notre antique monarchie.

Par conséquent aussi, même encore de l'aveu des révolutionnaires, chaque Français n'a, ne peut avoir d'autre souverain légitime, qu'un roi qui ne régnerait que par droit héréditaire de légitime succession ; car tel doit nécessairement être l'effet de la nature de toute espèce de monarchie héréditaire.

Les lois humaines ne sont donc pas plus

---

roi, et à ses descendans, suivant un ordre de succession convenue et réglée d'avance, et entre tous. C'est pourquoi, dire que la France est et sera perpétuellement une monarchie héréditaire, c'est poser en fait que l'indépendance naturelle de tout Français fut aliénée à des monarques et point du tout à la nation française. Il est donc faux que la souveraineté appartient à cette nation.

favorables que les lois naturelles à la prétention fondamentale du système hypothétique des révolutionnaires de tous les partis. D'ailleurs il serait tellement incompatible avec la nature des choses, que les mêmes individus eussent à la fois deux souverains différens, et cela impliquerait si fort contradiction, qu'il est physiquement impossible qu'après avoir dit : « LE ROI DE FRANCE SERA LE LÉGITIME » SOUVERAIN DES FRANÇAIS, la même loi » fondamentale eût tacitement voulu que dans » le même temps la personne feinte de leur » nation fût aussi leur souverain. » Réciproquement, il serait impossible qu'après avoir établi que l'on aurait pour souverain la personne idéale et feinte de l'être collectif d'une nation, le même pacte social eût également voulu qu'un monarque fût aussi le légitime souverain de tous les individus de cette même nation. La même indépendance primitive de chacun de ces individus ne peut, en effet, être naturellement aliénée et transportée qu'à une seule et même personne. Quoi donc de plus absurde au monde, que de prétendre qu'elle fut aliénée à deux personnes différentes et séparées ? Quoi de plus absurde, que d'imaginer qu'elle fut aliénée à la personne réelle d'un monarque et à la personne idéale et feinte de toute une nation?

Les révolutionnaires n'avaient donc, ils n'ont encore aucun droit à prétendre une pareille absurdité. Ils n'en avaient aucun à vouloir que chaque Français eût deux souverains différens. Mais ne suit-il pas de là que tout ce qu'ils ont fait en conséquence de leur fausse supposition est injuste et nul de toute nullité, comme ayant été opéré sans droit de faire et contre les droits incontestables de la propre personne de chaque Français quel qu'il soit? Cela n'était-il même pas d'autant plus évident, qu'ils n'ont pu, ni ne pourront jamais prouver par aucune de nos anciennes lois, qu'il eût réellement été convenu entre tous que la personne imaginaire de la nation serait souverain de chacun des individus dont elle se trouverait composée? C'est au reste une maxime du droit général de tous les peuples, que celui-là ne fait rien de valide qui fait sans droit de faire et contre le droit d'autrui. C'est encore une autre maxime du même droit, qu'aucun laps de temps ne peut valider ce qui est injuste, nul, ou vicieux dans son principe.

Que

Que les révolutionnaires ne nous disent pourtant pas, que leur droit à faire ce qu'ils ont opéré, descend de la prétendue constitution des années 1789, 90 et 91.

Il leur est si peu loisible de se prévaloir de son illégalité, que, de leur part, il s'agit de prouver la réalité de leur droit à vouloir faire cette prétendue constitution, et à la rendre obligatoire pour ceux des Français qui ne l'ont jamais consentie, et pour ceux qui ne la veulent plus et l'ont proscrite. Or jamais il ne fut possible de prouver l'existence d'un tel droit, ni en alléguant qu'on vient de l'exercer au mépris des oppositions les plus formelles, ni en montrant l'être sur le compte duquel on n'a jamais cessé de contester à ses créateurs le droit de lui donner l'existence. D'ailleurs, non-seulement tous les royalistes ont contesté le droit de rédiger cette prétendue constitution, mais ils lui ont aussi constamment refusé leur consentement; et sans libre et volontaire consentement de leur part, elle ne peut donner aucun droit contr'eux, elle ne les oblige à rien.

Tous les royalistes sont, au surplus, si fort dans le cas de récuser son autorité, que lorsque cet acte illégal et de tyrannie fut fabriqué par des sujets révoltés contre leur roi, nul Français n'était plus le propriétaire de son indépendance naturelle et de son droit primitif d'être lui-même le seul légitime juge de tous ses démêlés avec autrui. Il y avait alors déjà bien long-temps qu'aucun Français ne jouissait plus de ces deux droits de nature, par la raison que leur pacte social les avait déposés dans les mains du roi, à titre d'aliénation libre et volontaire de la part de chacune de ses parties contractantes. Donc, à cette époque, ils n'avaient plus le pouvoir de les aliéner à la nation, parce que personne ne peut disposer en une manière légitime et valide, ni des choses et des droits qui ne lui appartiennent pas en propre, ni de ceux qui ne lui appartiennent plus, à cause que lui-même, ou que l'un de ses ascendans les avait précédemment aliénés et transportés à une personne différente de celle à qui l'on désirerait pouvoir en faire ensuite une seconde aliénation ultérieure. Par exemple, si Paul eût déjà aliéné à Jacques tous les droits actuels et futurs, qu'il avait sur une maison située dans l'une des rues de Paris, ou de quelqu'autre ville, n'est-il pas incontestable que ni Paul, ni son fils, ni nul de ses propres descendans et légitimes successeurs, n'aurait plus ensuite aucun droit de réaliéner validement ces mêmes droits, soit à Pierre, soit à Jean, soit à quelqu'autre personne différente de Jacques? N'est-il pas incontestable que ces mêmes droits n'appartiendraient plus désormais et ne sauraient plus être légitimement exercés que par Jacques seul, ou par l'un de ses vrais et légitimes ayant fait et cause? N'est-il pas incontestable qu'aucun des descendans de Paul n'aurait ni droit, ni qualité, pour en revendiquer l'exercice et la possession?

Il en est exactement de même de toute autre espèce de droits personnels, et par conséquent aussi des droits primitifs ou naturels d'indépendance et d'être soi-même le seul légitime juge de toutes ses propres causes. Après être nés et avoir long-temps vécu dans une société civile, qu'il fut impossible de former sans que chacun des associés aliénât pour lui-même et pour tous ses propres descendans, ces deux droits originaires et primitifs de tous les individus du pur état de nature, nous n'avons plus ensuite celui d'en faire une seconde aliénation, à une nouvelle personne différente de celle à qui ces deux droits de chacun furent transportés et acquis par le contrat de la formation de cette même société.

Car, je le répète, comme il est impossible de former, pour qu'elle dure au delà de la vie des seuls individus qui la contractent et perpétuellement après leur mort ; car, dis-je, comme il est impossible de former, dans un tel objet, une société civile quelconque, sans faire au même instant l'aliénation à perpétuité des deux droits d'indépendance et d'être soi-même le seul légitime juge de toutes ses propres causes, lesquels appartiennent, d'après la loi naturelle, à chacun des simples sociétaires tant présens que futurs, ainsi que sans assujettir pour toujours tous les associés, à une personne certaine et bien connue, mais ou réelle, comme un monarque, ou purement idéale, imaginaire et feinte, comme est le souverain d'une aristocratie, et celui d'une démocratie ; c'est un principe d'incontestable vérité, que les aïeux personnels de chaque Français d'aujourd'hui avaient aliéné pour lui, ou de sa part, ces deux droits primitifs de chacun, non à la personne imaginaire de la nation, mais bien à l'unique personne physique et réelle de nos rois (*). De plus, c'est un autre fait incontestable, que lors du sacre et couronnement de Louis XVI, chaque Français d'aujourd'hui avait ratifié pour lui-même et pour tous ses propres descendans, cette même aliénation en faveur de cet infortuné monarque et de ses légitimes héritiers et successeurs. Nul de nous n'avait donc plus, en 1789, le droit de rétracter cette ratification : nul de nous n'avait alors le droit de retirer et de reprendre son indépendance primitive, pour aller, ainsi que chaque révolutionnaire semble avoir fait, la réaliéner immédiatement après, à l'être idéal et fictif de la nation ; ou pour mieux

(*) Les révolutionnaires ne gagneraient rien en m'opposant que nos aïeux n'ont pas eu le droit d'aliéner à des rois l'indépendance naturelle de leurs descendans; car, s'ils n'en eussent pas eu le droit, il en faudrait conclure qu'ils n'eurent pas non plus celui de l'aliéner à la nation. Ainsi, même sous ce point de vue, il serait encore faux que la souveraineté appartient en France à la nation ; car, pour qu'elle lui appartînt, il faudrait de toute nécessité, que l'indépendance de chaque Français lui eût été aliénée par ses aïeux.

dire, à l'ensemble de tous les autres Français (*).

Si quelqu'un eût même eu le droit de faire pareille chose pour soi-même et pour ses propres descendans, il n'aurait pu avoir, en nulle manière, celui d'en faire autant pour son propre frère, ni pour les descendans de celui-ci, ni à plus forte raison, pour nul des individus qui ne lui étaient unis par aucun lien du sang; car, selon le droit naturel, comme suivant le droit civil de tous les peuples, nul ne peut être lié, ni obligé à rien, par les stipulations d'une tierce personne, qui ne serait aucun de ses ascendans, ni son mandataire spécial.

Par conséquent la soi-disante constitution des années 1789, 90 et 91, n'a pu transférer à la personne feinte, à l'être collectif et idéal de la nation, nulle espèce de droit, ni particulier, ni souverain, sur les biens et la personne d'aucun Français.

(*) Je donne cette définition au mot nation, parce qu'un corps de nation, ou un corps de peuple, ne peut être le souverain de ses membres, que dans le seul cas où chacun des individus, dont il est composé, a positivement et réellement aliéné son indépendance à l'ensemble de tous les autres.

Eût-elle même pu en acquérir quelqu'un à cet être fictif (chose qui n'est réellement pas), ce ne saurait jamais être ni sur la personne, ni sur les biens de quiconque a toujours refusé de souscrire à cet acte illégal et de tyrannie, de le consentir volontairement, ou sans contrainte, et de commettre le crime affreux de rétracter d'une manière illicite et nulle de plein droit, l'aliénation faite par nos pères dans leur pacte social, et ratifiée en 1774, par chacun de nous, en faveur de la seule personne de nos rois.

En effet, pour qu'un souverain quel qu'il soit, ou simple, comme est le souverain de toute monarchie, ou composé, comme est celui d'une aristocratie, et encore celui d'une démocratie, ait des droits et une autorité légitimes sur les biens et sur la personne d'un homme quelconque, il est indispensable que ces droits et cette autorité lui aient été textuellement transportés, à l'égard des biens, par l'un de leurs anciens propriétaires, et à l'égard de la personne, par cet homme lui-même, ou par l'un de ses ancêtres, dans un pacte social compétemment contracté. Il est de plus indispensable que l'aliénateur ait stipulé ce transport, volontairement, librement et sans contrainte ; car sans ces dernières causes, il ne saurait exister aucun droit souverain dans la personne ou physique et réelle, ou imaginaire et feinte qui prétend en exercer.

C'est pourquoi, si cet individu, ni nul de ses auteurs, n'eût jamais stipulé dans un pacte social, l'aliénation et le transport dont il s'agit, ou s'ils n'y eussent été faits que forcément, contre le gré de l'aliénateur, par contrainte et pour céder à la cruelle nécessité découlant d'une violence qu'on lui aurait faite avec des forces irrésistibles et supérieures aux siennes, comme alors la stipulation serait illégale, illégitime et nulle de plein droit ; dans l'un et l'autre de ces deux cas, le soi-disant souverain se trouverait sans droit ; comme sans titre légitime, pour exercer une autorité quelconque sur les biens et sur la personne de l'homme en question ; et à l'égard de ce même homme, il ne serait point du tout un souverain, mais un usurpateur criminel, un vrai tyran, à qui l'homme qui se trouve, relativement à lui, dans l'un des deux cas supposés, ne doit aucune obéissance, nul respect quelconque.

Telle est cependant, au vrai, la position relative, où les révolutionnaires veulent à toute force placer, à l'égard de tous les royalistes, la personne imaginaire et encore indéterminée, qu'ils nomment vaguement *la nation française.*

Mais d'abord, la personne imaginaire qu'ils gratifient de ce nom, n'est point du tout celle de la vraie nation française, puisque par le mot *nation* l'on ne doit entendre que la somme totale de tous les individus qui forment ensemble tout le corps d'une seule et même société civile, et puisque, si l'on divise cette somme totale, ce corps entier, en deux parties distinctes et séparées, aucune de ces deux parties distinctes n'est ensuite à elle toute seule, ni ne peut être, le tout entier du corps social, ni par conséquent la vraie personne de sa nation.

D'autre part, nul de nos aïeux, ni nul de nous-mêmes n'aliéna, ni ne transporta jamais au corps entier de notre nation, absolument aucune espèce de droits souverains, ou de supériorité, ni sur nos personnes, ni sur nos biens, et à ce double égard, ce corps entier n'a rien reçu, ne tient rien, ni d'aucune loi naturelle, ni d'aucune loi positive, ni d'aucune légitime convention sociale.

Mais si la personne idéale ou feinte de la nation entière, d'un être de raison personnifié et composé de toute l'universalité de ses individus (sans exception d'aucun), n'a jamais reçu nul pareil droit sur personne ; combien plus évident n'est-il donc pas, que l'attroupement de plusieurs centaines de factieux révoltés contre leur unique légitime souverain, et se disant avec audace tantôt la nation, tantôt le peuple, tantôt une assemblée nationale, (car dans leurs bouches impures et souillées par le mensonge et la calomnie ; ces trois dénominations ne signifient jamais et ne désignent qu'eux-mêmes) ; combien plus évident, dis-je, n'est-il donc pas, que leur perfide attroupement ne saurait exercer, sous le manteau du mot *la nation*, qu'une autorité tyrannique et dépourvue de tout légitime fondement ?

Oui ; les actes de ces usurpatrices et rebelles assemblées sont radicalement viciés par le manque absolu d'un légitime fondement à tout ce qu'elles se sont permis de leur seule autorité privée, et nulle de leurs innovations n'est soutenable. Les moins aveuglés de tous les révolutionnaires paraissent même s'en être aperçus, lorsqu'abandonnant avec raison la fausse supposition que la souveraineté appartient à la nation, ils s'efforcent de lui substituer l'astucieuse maxime que *tout pouvoir vient du peuple et est institué pour le peuple.*

Mais cette assertion n'est encore en soi, qu'une pure jonglerie du charlatanisme révolutionnaire; elle n'est qu'un puérile jeu de mots, où l'on abuse des flexions et détours du langage figuré, pour prêter à une erreur très-positive, quelque faible et légère apparence de vérité. Il devrait néanmoins suffire, pour en dissiper et faire évanouir l'illusion, et pour la réduire à sa juste valeur, d'exiger la définition exacte et précise du mot *le peuple*, et de substituer cette définition au terme qu'elle explique.

En effet, au moyen de cette précaution, comme les premiers inventeurs de notre langue étaient arbitrairement convenus que l'on se servirait, 1.° du mot *nation*, pour désigner à la fois un souverain et tous ses sujets, sans en excepter aucun, et 2.° du mot *peuple*, pour désigner uniquement tous les sujets d'un même souverain, la nouvelle assertion que nous allons maintenant discuter, se convertirait en celle-ci : *Tout pouvoir vient de tous les sujets et est institué pour tous les sujets.*

Sous ce point de vue, les royalistes ne nieront pas aux révolutionnaires (pourvu qu'ils ne veuillent faire qu'un juste usage de leur concession), qu'il ne soit très-vrai que tout pouvoir souverain vient des sujets, et qu'il n'est institué que pour le juste et légitime avantage de chaque sujet : car si on l'entend dans un sens divisé, ce principe est incontestable ; mais il devient très-faux, lorsqu'on veut le prendre et le présenter dans un sens composé ; c'est-à-dire, lorsque de l'ensemble, ou de la masse de tous les sujets, on veut composer une personne idéale, imaginaire et feinte, que l'on assimilerait à un seul individu, et que l'on ferait agir, sous le nom de *peuple*, comme si elle n'était réellement qu'un seul et même homme.

Cette personne ainsi feinte et composée n'est, en effet, qu'un pur être de raison, qu'un être imaginaire, ou n'existant comme un véritable homme, que dans l'imagination qui l'a conçu : elle n'est qu'une simple apercevance, ou manière de voir de notre esprit; hors duquel elle n'a nulle existence fixe, invariable et réelle; elle n'est point un être naturel, c'est-à-dire, l'un de ces êtres qui ayant reçu du commun Auteur de toutes choses, toute l'union et l'unité des parties de leur être, continuent d'exister sans altération dans l'union intime de cette unité, et se maintiennent par eux-mêmes dans l'univers; elle n'a nul rang parmi ces êtres naturels, ou immédiatement sortis, tels qu'ils sont en soi, des mains du suprême Auteur de toutes choses; en un mot, elle n'a nulle existence propre et réelle dans l'ordre de la nature. Dès-lors rien de réel ne peut venir naturellement d'elle, puisque pour produire naturellement un effet quelconque, il faut de toute nécessité être l'une des choses qui existent en soi-même et par soi-même dans la nature. Dès-lors encore, il est très-faux que les pouvoirs souverains puissent venir naturellement d'une personne idéale, imaginaire, feinte et sans union de ses parties en une même unité d'être, que l'on composerait dans sa pensée, seulement, de l'ensemble de tous les sujets fictivement assimilés à un seul homme, et que ces pouvoirs soient institués pour cette même personne imaginaire (*).

(*) Une semblable personne ne saurait avoir un pouvoir quelconque sur de véritables hommes, qu'après qu'elle l'aurait réellement acquis de chacun de ces hommes, en la même manière qu'un homme seul a besoin de les avoir acquis sur autrui. Ainsi, lorsqu'on ne prouve pas qu'elle en ait réellement acquis sur certains individus, en cette même manière, et lorsqu'il est très-vrai que jamais elle n'en acquit aucun de la sorte, elle n'a absolument rien qu'elle puisse donner à quelqu'un. Dans ces deux cas, nul pouvoir ne vient, ni ne peut venir d'elle. Mais lorsqu'après avoir véritablement acquis des pouvoirs, en la même manière qu'un homme seul peut en acquérir sans son concours, elle les transfère à une tierce personne, d'une part, quoique celle-ci les reçoive vraiment d'elle, ce n'est pourtant pas d'elle qu'ils viennent originairement, puisqu'ils étaient partis des individus sur chacun desquels elle les avait acquis; d'autre part, cette même personne imaginaire les perd entièrement alors, par cela seul qu'elle les transfère à autrui, et elle demeure ensuite sans pouvoir pour l'avenir. Tel était pour le moins, en 1789, le cas où se trouvait en France, depuis bien des siècles, la personne imaginaire et composée de tous les Français. Cette personne n'avait alors aucun pouvoir légitime, qu'il lui fût vraiment possible et permis de transférer à quelqu'un. Or tout cela forme une nouvelle preuve, qu'en France, il est très-faux que *tout pouvoir vient de la personne idéale de l'être collectif du peuple.* Tous ceux qui ne viendraient que d'elle seule sont nuls et illégitimes.

La vérité est au contraire, 1.° que les pouvoirs souverains n'ont d'autre source que la personne réellement existante de chaque sujet, puisqu'au fond ils ne sont venus et provenus que de l'aliénation libre et volontaire que chacun des individus vivant en société civile a faite, sous des conditions déterminées, par lui-même ou par l'un de ses propres aïeux, du droit primitif d'être indépendant de toute autorité comme de toute juridiction purement humaine, et du droit d'être ici-bas le seul légitime juge de tous ses différens ou démêlés avec autrui (droits que les lois naturelles avaient personnellement donnés à tout homme quelconque); 2.° qu'ils ne furent institués qu'afin que chacun des aliénateurs pût mieux s'assurer la juste et paisible jouissance de tous ses autres droits personnels, que dans le temps où il exerçait par lui-même les deux droits aliénés.

Mais, me demandera-t-on peut-être, comment concevoir une pareille chose? — En remontant, répondrai-je, à l'époque de l'association civile, pour comparer avec soin les circonstances où chacun se trouvait naturellement avant qu'elle ne fût contractée, à celles où il dut nécessairement se voir ensuite et depuis.

Avant cette association, chacun des premiers membres qui la contractèrent, était individuellement indépendant de tout homme et de toute corporation d'hommes ; et de plus, il n'avait d'autre juge légitime de ses actions que lui-même.

Immédiatement après qu'elle eut été contractée, chacun des simples associés se trouva personnellement soumis à l'autorité purement humaine d'un souverain et à la juridiction d'autrui.

Or comment un aussi grand changement eût-il pu s'opérer avec quelque légitimité, dans les manières d'être de chacun relativement à autrui, si chacun des associés n'eût pas volontairement et librement aliéné les deux droits naturels qu'il ne lui fut plus permis d'exercer par lui-même dans celle qui suivit l'association, quoiqu'ils lui eussent incontestablement appartenu, et n'eussent appartenu qu'à lui seul, dans celle qui la précéda ?

Si l'aliénation n'eût été faite que par une autre personne que celle de l'individu propriétaire, elle eût été nulle; elle n'eût été suivie d'aucun juste effet; le contrat social n'eût jamais existé.

Il fallut donc pour le former,

1.° Que plusieurs individus du pur état de nature (n'importe leur nombre), s'engageassent tour à tour envers chacun des autres, à se donner un même supérieur suprême pour tous;

2.° Que chacun contractât successivement envers chacun des autres, l'obligation d'aliéner et transporter, sous certaines conditions, à ce supérieur ou souverain, unanimement choisi par tous les contractans, ceux de ses droits personnels du pur état de nature, dont l'exercice individuel était incompatible avec l'existence de l'état de société civile;

3.° Qu'après être tous tombés d'accord sur ces deux premiers points, chacun des contractans effectuât, ou réalisât, sous des conditions stipulées, l'aliénation et le transport de ceux de ses droits primitifs, qu'il s'était successivement obligé envers chacun des autres, d'aliéner et transporter à ce même supérieur pour tous, et qu'il contractât envers ce dernier, toutes les obligations qui devaient nécessairement résulter pour chacun, de l'aliénation qui lui était individuellement faite par chacun ;

4.° Enfin, que la personne ainsi choisie, pour devenir un même supérieur ou souverain pour tous les contractans, acceptât l'aliénation et transport qui lui était fait par chacun, et contractât successivement envers chaque aliénateur, l'obligation d'accomplir fidèlement toutes les conditions par lui mises à son aliénation des droits individuels dont il venait d'accepter le transport, toutefois sous l'expresse réserve, que de son côté, l'aliénateur s'acquitterait religieusement de toutes ses obligations personnelles, non-seulement envers son souverain, mais encore envers chacun de tous les autres co-sujets.

Quelle qu'ait été la personne que tous les fondateurs d'une société civile voulurent unanimement choisir pour en faire leur commun supérieur suprême, ou leur souverain, toutes ces choses ont dû être faites dans leur contrat social, pour qu'il pût exister légitimement chez eux des pouvoirs souverains, et des relations soit de souverain à sujet, soit de sujet à souverain, et de co-sujet à co-sujet. Ainsi partout, même dans la démocratie, ces pouvoirs et ces relations ne sont réellement venus que des seules obligations réciproquement contractées, dans le pacte social, entre la seule personne du souverain que ce pacte établit expressément, et chacun des individus qui a voulu n'aliéner qu'à cette même personne, tant pour lui que pour ses propres descendans, les deux droits naturels, dont nous avons déjà dit que la possession individuelle était incompatible avec l'existence de l'état civil. Par conséquent les pouvoirs souverains ne partent, nulle part, que de la concession personnelle que chaque sujet en voulut faire individuellement dans le contrat social.

Ce serait donc sans fondement et contre toute raison, que l'on prétendrait que *tout pouvoir*, et particulièrement *tous les pouvoirs souverains*, *viennent* de l'être collectif *du peuple*, de la personne imaginaire et feinte, ou idéalement composée de tous les sujets du souverain d'une même société civile.

C'est sur-tout en France qu'il serait très-faux de le dire, puisqu'à dater du premier instant où nos pères commencèrent à se faire connaître dans le monde, d'abord sous le nom de FRANCS, et ensuite sous celui de FRANÇAIS, ils ont tous constamment voulu vivre sous un gouvernement monarchique ;

ils ont constamment voulu, dans toutes leurs générations, que leur monarchie fût héréditaire; ils se sont toujours fait gloire de ne reconnaître pour leur souverain, qu'un monarque descendu d'une longue suite de leurs anciens rois, selon l'ordre successif réglé par la loi fondamentale de l'état. Or quels justes motifs aurions-nous, pourrions-nous même avoir aujourd'hui, de ne pas imiter leur exemple, de ne plus marcher sur leurs traces, de ne plus remplir les obligations qu'ils nous ont tous transmises de main en main, ou de génération à génération, avec charge expresse de les transmettre, à notre tour, à tous nos descendans? — Aucun; non, aucun; absolument aucun;

Puisque 1.° chacun de nous étant simplement l'un des individus du peuple, et point du tout la personne de l'être collectif du peuple, s'il n'était pas faux que tout pouvoir vient de cette personne imaginaire ou feinte, et est institué pour elle, il en faudrait nécessairement conclure qu'en France, nul pouvoir ne vient d'aucun Français, et n'est particulièrement institué pour le juste avantage d'aucun Français;

Puisque 2.° chacun de nous ayant le besoin

indispensahle d'un protecteur et défenseur qui le garantisse et préserve contre les injustes entreprises que tous les autres se permettraient à son préjudice, nos pères avaient très-sagement pourvu à ce besoin de chacun de leurs descendans, en établissant un monarque héréditaire, qu'ils investirent de tous les pouvoirs nécessaires pour contraindre toute agrégation, ou réunion de ses autres sujets, tant à respecter les légitimes droits de chacun, qu'à s'acquitter équitablement de leurs devoirs envers lui;

Puisque 3.° chaque Français agirait très-aveuglément contre le plus précieux de tous ses propres intérêts, s'il méconnaissait l'autorité tutélaire de son légitime monarque pour aller s'asservir aux discordantes volontés de tous les autres; c'est-à-dire, pour rentrer et se remettre dans la cruelle et désastreuse situation d'où chacun de nos aïeux avait retiré tous ses descendans, lorsque d'un commun concert, ils placèrent par leur contrat social, entre chaque Français et tous les autres, un légitime monarque essentiellement chargé de protéger le premier contre les injustes entreprises des derniers, et réciproquement;

Puisque 4.° l'Auteur de toutes choses prescrit généralement à tout homme par l'une des lois naturelles, par l'une de ses lois immuables, d'accomplir toujours avec fidélité toutes ses obligations librement et volontairement contractées tant par lui-même, que par son père, ou par l'un de ses propres aïeux ;

Puisque 5.° par une autre de ses lois immuables et positives, le suprême Législateur de la nature défend à tout homme de prendre et de faire entendre la voix du mensonge, et par conséquent aussi de donner des faits supposés, et des suppositions très-fausses en soi, pour des vérités certaines ;

Puisque 6.° le même législateur a très-expressément défendu à tout individu d'espèce humaine, de confirmer par des sermens le faux témoignage en faveur de l'homme injuste et coupable ;

Puisque 7.° il défend aussi à chacun de nous, de suivre la foule pour faire le mal ; ce qui signifie, qu'il nous défend d'agir de concert avec tous ceux qui commettent des actions injustes et répréhensibles ;

Puisque 8.° le suprême Législateur de la nature défend expressément à chacun de nous, dans l'une des immuables lois qu'il nous a fait notifier d'une façon très-positive, d'adhérer à l'avis et au sentiment du plus grand nombre ; ou de la pluralité, pour nous dévoyer du vrai, pour quitter les sentiers de la vérité, pour déserter sa cause, pour se précipiter aveuglément dans le faux ;

Puisque 9.° enfin, nous ne saurions embrasser les nouveaux systèmes des révolutionnaires, marcher sous leurs bannières, nous rendre leurs fauteurs et complices, les aider de nos propres forces, les encourager de nos louanges, et leur prostituer nos suffrages et notre approbation, sans violer, sans enfreindre, sans transgresser tous ces immuables préceptes des lois éternelles du suprême Législateur de la nature, et puisqu'en dernier résultat, ce ne sera jamais impunément que quelqu'un les aura transgressées, enfreintes et violées.

Quelle foule d'ailleurs, d'autres importans motifs, qu'il est du devoir de chacun de nous de prendre dans la plus juste considération, et qui tous ne pourraient le déterminer qu'à rentrer docilement sous l'obéissance de Louis XVIII, seul et unique souverain légitime de tous les Français ! Mais afin de terminer maintenant cet écrit, je ne me permettrai plus que cette dernière observation ;

Parmi tous les révolutionnaires, et sur-tout parmi leurs chefs, on n'en trouverait pas un seul, qui, s'il avait des titres à se glorifier d'être issu du sang des Hugues de France, de Philippe-Auguste, de saint Louis, d'Henri IV et de Louis XIV, ne reconnût et n'avouât franchement, que les principes et la théorie qu'on vient de lire sont incontestablement vrais et certains. Mais si dans cette hypothèse, ils devaient nécessairement leur paraître tels, pourquoi ne les en trouveraient-ils plus, dans le cas particulier où la providence les avait placés? Ce qui fut une fois vrai ne cesse jamais de l'être; parce que le propre de la vérité étant de ne jamais changer de nature, toutes les vérités sont essentiellement immuables, éternelles. C'est en tout temps un devoir de les croire, de les adopter, de les professer, de les défendre et de les respecter, tandis qu'au contraire, c'est toujours un vice très-odieux de les contester et nier faussement, par des motifs d'injuste et coupable égoïsme.

F

www.ingramcontent.com/pod-product-compliance
Ingram Content Group UK Ltd.
Pitfield, Milton Keynes, MK11 3LW, UK
UKHW012301240726
13966UKWH00004B/1558